Eleonore Wittke
Michael Wolf

Tübingen

deutsch english français

Wartberg Verlag

Text

Eleonore Wittke

Fotos

Team Wittke-Wolf

Übersetzungen

Marie Hermann, Paris (französisch)

Anthony Alcock, Kassel (englisch)

1. Auflage 2011

Satz und Layout: Christiane Zay, Bielefeld

Druck: Bernecker Media Ware AG, Melsungen

Buchbinderische Verarbeitung: Buchbinderei Büge, Celle

34281 Gudensberg-Gleichen, Im Wiesental 1

Telefon: 0 56 03 - 9 30 50

www.wartberg-verlag.de

ISBN 978-3-8313-2376-0

Vorwort

Unser Tübingen

Viele Jahre lang liebte ich Hamburg und die Anonymität der Großstadt. Nun liebe ich Tübingen und die Vertrautheit der Kleinstadt. Michael Wolf und ich spazieren durch die Stadt: Über Holzmarkt und Rathausplatz und sagen dabei mindestens dreimal „Hallo“ oder „Grüß Gott“, machen beim promovierten Crêpes-Verkäufer Station, biegen in der Marktgasse ab, gehen auf den stahlbewehrten Kornspeicher zu und treffen zwei oder noch mehr Nachbarinnen. Mit einer Oma schimpfen wir über das schadhafte Pflaster und drohen einem verirrten Autofahrer in der Langen Gasse: Parken geht hier gar nicht! In der Kelter sitzen, mit Freunden einen Spritz genießen, alle Gassen kennen, ein bisschen Geschichte auch.

Zurück auf dem Marktplatz, hakt der Blick beim hölzernen Rebenweible ein und beim bronzenen Neptun, im Fachwerk des Ranitzky, der mal der Pfuderer war. Was noch? Die renovierte Fassade der Volksbank, die mal Schwäbische Kaufstätte war, den Beton des Lamm, das mal Poststation war, den Beton des Rathauses, der langsam Patina annimmt. Weiterstromern, um endlich auf der winzigen Terrasse überm Neckar einen Cappuccino zu trinken. Wir schauen den Stocherkähnen hinterher und sind dankbar, dass wir hier leben und sonst nirgendwo. Dürfen wir Ihnen etwas von unserem geliebten Tübingen zeigen?

Eleonore Wittke und Michael Wolf

Foreword

Our Tübingen

For many years I was in love with Hamburg and the anonymity of the big city. Now I am in love with Tübingen and the intimacy of the small town. Michael Wolf and me are walking through town: From Holzmarkt to Rathausplatz we say “Hello” or “Grüß Gott” at least three times, we stop at the crêpes seller who has a doctorate, turn into Marktgasse, walk towards the steel fortified Corn Market and meet two or even more neighbours. Together with an old lady we complain about the damaged pavement and in Lange Gasse we admonish some car driver who’s lost his way: Parking is definitely not allowed here! To sit in the wine press, enjoy a spritzer with friends, know all the alleys and some history as well.

Back in the market square the eye gets caught by the wooden vintners crone and the bronze statue of Neptune, in the timber frame of Ranitzky which once used to be the Pfuderer. What else? The renovated façade of the local bank building which used to house the Schwäbische Kaufstätte (Swabian Department Store), the concrete of the Lamm building where the post office used to be, the concrete of the town hall that is slowly developing a patina. Carry on walking and finally have a cappuccino on a tiny terrace above the Neckar. Our eyes follow the punts and we are grateful for living here and nowhere else. May we show you some of our beloved Tübingen?

Eleonore Wittke and Michael Wolf

Préface

Notre Tübingen

Des années durant, j’ai aimé Hambourg et l’anonymat de la grande ville. Aujourd’hui, j’aime Tübingen et l’intimité de la petite ville. Michael Wolf et moi nous nous promenons dans la ville: sur les places Holzmarkt et Rathausplatz, on a au moins trois occasions de dire «salut» ou «bonjour», on s’arrête devant un vendeur de crêpes titulaire d’un doctorat, bifurque dans la Marktgasse, entre dans le grenier à blé à structure d’acier et croise encore au moins deux voisines. On râle avec une grand-mère contre les pavés abîmés et menace un conducteur égaré dans la Lange Gasse: impossible de se garer ici! On s’assoit dans le pressoir, partage un Spritz avec des amis, connaît chaque ruelle, et un peu d’histoire, aussi.

De retour sur la Marktplatz, notre regard s’arrête sur la vigneronne en bois et le Neptune en bronze, sur la maison à colombages du café Ranitzky, anciennement «Pfuderer». Quoi d’autre? La façade rénovée de la Volksbank, autrefois magasin de Souabe, le béton du Lamm, qui fut un jour une station postale, le béton de l’hôtel de ville qui se patine peu à peu. On vagabonde encore et finit par déguster un Cappuccino sur une minuscule terrasse au-dessus du Neckar. On suit une barque des yeux, on se réjouit de vivre là et nulle part ailleurs. Nous permettez-vous de vous montrer un peu de notre Tübingen bien-aimé ?

Eleonore Wittke et Michael Wolf

Liebe Leserinnen und Leser,

typisch für Tübingen sind nicht nur die bekannten Sehenswürdigkeiten, Denkmäler oder auch der Neckar mit seinen Stocherkähnen, sondern es sind die Winkel, die zufälligen Einblicke und natürlich die ganz besondere Atmosphäre. Tübingen als geschichtsträchtige Universitätsstadt hat sich zu einer aufgeschlossenen, modernen und jungen Stadt mit zehn eingegliederten Ortsteilen entwickelt. Hier wird Denkmalpflege genauso ernst betrieben wie fortschrittliche Stadtplanung und der Umweltschutz. Tradition und Moderne gehen eine gelungene Partnerschaft ein. Die Altstadt als Ensemble bietet ein einzigartiges Beispiel einer mittelalterlichen Stadt mit Schloss, Stiftskirche, klösterlichen Anlagen, Kornhaus, Brunnen. Vor allem die Gebäude der Universität (gegr. 1477) und universitätsnaher Institutionen prägen das Stadtbild. In jüngster Vergangenheit hat der Abzug der französischen Garnison die Entwicklung der Südstadt von einem hermetischen Viertel zu einem weltoffenen, bunten, vielfältigen Stadtteil bewirkt. Wer nach Tübingen kommt oder hier wohnt, erlebt eine junge, alte, wunderschöne Stadt mit einer reichen Kulturszene, südländischem Flair und ein überaus reizvolles Umland.

Ich wünsche diesem Fotoband interessierte Betrachter und Leserinnen und Leser, die Tübingen genauso schätzen wie das Autorenteam.

Ihre Gabriele Eberle

Gabriele Eberle
Geschäftsführerin des Bürger- und Verkehrsvereins Tübingen

Dear reader,

Typical features of Tübingen include the well-known monuments and sights or the Neckar with its punts, as well as the hidden corners, the unexpected insights and, of course, the very special atmosphere. Tübingen is a university town steeped in history and has in time developed into an open-minded, young and modern town expanded the incorporation of ten more districts. Here, monument preservation is taken just as seriously as modern town planning and the protection of the environment. Tradition and modernity have entered into a successful partnership. The ensemble of the historic old town is a unique example of a Medieval town complete with castle, Collegiate Church, abbey, corn market, and well. The townscape is mostly shaped by the university (founded in 1477) and university-related buildings. In recent history the withdrawal of the French garrison triggered the development of the southern part of town from a closed off quarter into a cosmopolitan, colourful and diverse area. Those who come to Tübingen or live here experience a young, old, beautiful town with a rich cultural life, Mediterranean flair and most attractive surroundings.

My wish for this book of photographs is that it may find interested readers and viewers who come to appreciate Tübingen as much as the authors have.

Gabriele Eberle
General manager of the Tübingen Citizens' and Tourist Association)

Chères lectrices et lecteurs,

Ce que Tübingen a de typique, ce n'est pas seulement ses célèbres monuments ou le Neckar et ses barques, mais aussi ses recoins, ses images inattendues, et bien sûr son atmosphère très particulière. Ville universitaire chargée d'histoire, Tübingen est devenue une ville ouverte, moderne et jeune, avec ses sept communes agglomérées. Ici, on accorde autant d'importance à l'entretien des lieux historiques qu'à une politique urbaine progressiste et à l'écologie. La tradition et la modernité y vivent en bonne intelligence. La vieille ville représente un exemple unique de ville médiévale, avec un château, une église collégiale, un cloître, une halle au grain et des fontaines. Les bâtiments de l'université (fondée en 1477) et les institutions qui sont affiliées ont façonné l'image de la ville. Relativement récemment, le retrait des troupes françaises a permis au quartier sud de la ville, autrefois hermétique, de s'ouvrir au monde, de devenir coloré et varié. En venant à Tübingen ou en y vivant, on découvre une ville à la fois jeune et vieille, magnifique, avec une riche scène culturelle, une atmosphère du sud et un environnement tout à fait charmant.

Je souhaite aux observateurs, aux lecteurs et aux lectrices de ce livre d'apprécier Tübingen autant que ses auteurs.

Gabriele Eberle
Directrice de l'office de la ville et du tourisme de Tübingen

Das Rathaus | Rathaus (town hall) | L’hôtel de ville

Das Rathaus ist das Prunkstück der Stadt. 1435 dreistöckig erbaut, wurde ihm 1508 ein viertes Geschoss aufgesetzt. Johannes Stöfflers astronomische Uhr von 1511 zeigt bis heute sowohl die genaue Zeit als auch den Lauf der Gestirne und die Mondphasen. Die Rathausfassade wurde 1877 bemalt, als die Universität ihr 400-jähriges Bestehen feierte.

The town hall is the showpiece of city, it was built in 1435 with 3 storeys, in 1508 a fourth storey was added. The astronomical clock from 1511 by Johannes Stöffler tells the correct time with precision and also shows the course of the planets and the phases of the moon. The town hall façade was painted in 1877, when the university celebrated its 400th anniversary.

L’hôtel de ville est le fleuron de la ville. Trois étages ont été construits en 1435, un quatrième y a été ajouté en 1508. L’horloge astronomique, conçue par Johannes Stöffler en 1511, indique aujourd’hui encore l’heure exacte, le mouvement des astres et les phases de la Lune. La façade de l’hôtel de ville a été peinte en 1877, à l’occasion de la célébration des 400 ans de l’université.

Der Neptunbrunnen

Tübingens Neptunbrunnen ist ein besonderer Schmuck des Marktplatzes. Er ist das Replikat eines alten Brunnens, den der württembergische Baumeister Heinrich Schickhardt nach Bologneser Vorbild zu Beginn des 17. Jahrhunderts entworfen hat.

Neptunbrunnen (Neptune Fountain)

The Tübingen Neptune Fountain is a special ornament of the market square. It is a replica of an old fountain designed in the early 17th century by the Wuerttemberg master builder Heinrich Schick after a model from Bologna.

La fontaine de Neptune

La fontaine de Neptune embellit la Marktplatz. C'est la réplique d'une fontaine ancienne, conçue par Heinrich Schickhardt, ingénieur du bâtiment originaire du Wurtemberg, d'après un modèle bolognais du début du XVIIe siècle.

Das geschnitzte Rebenweible blickt seit 1600 von der Rathausecke herunter ins städtische Getriebe.

The vintners' crone has been looking down from the town hall corner onto the urban goings on since 1600.

Depuis 1600, la Rebenweible, vigneronne en bois sculpté, observe depuis un coin de l'hôtel de ville l'agitation de la ville.

Der Marktplatz | Marktplatz (Market Square) | La Marktplatz (place du marché)

Vom Rathaus hinunter bietet sich der Marktplatz in all seiner Schönheit dar. Im mittleren der gegenüberliegenden Häuser, heute Café Ranitzki, lebte Johannes Stöffler (1452–1531), der bekannte Astronom, Mathematiker, Astrologe, Pfarrer und Professor, der die astronomische Uhr am Rathaus konstruiert hat. Der Markt wird seit alters her montags, mittwochs und freitags von Bauern und Händlern der Region beschickt.

Seen from the town hall the Market Square presents itself in all its beauty. Just opposite is the Café Ranitzki, a house in which Johannes Stöffler (1452–1531) used to live; he was a well-known astronomer, mathematician, astrologer, pastor and professor, who constructed the astronomical clock of the town hall. Farmers and grocers from the region provide the produce for the market, which is held on Mondays, Wednesdays and Fridays.

En venant de l'hôtel de ville, on peut déjà voir la Marktplatz dans toute sa splendeur. Dans une des maisons mitoyennes, devenue aujourd'hui le café Ranitzky, a vécu Johannes Stöffler (1452-1531), le célèbre astronome, mathématicien, astrologue, prêtre et professeur qui a conçu l'horloge astronomique de l'hôtel de ville. Quant au marché, il a lieu depuis toujours le lundi, le mercredi et le vendredi, et rassemble des paysans et des artisans de la région.

Wer von der Neckargasse aus den Stiftskirchenturm sehen möchte, muss sich schon ordentlich strecken. Zur Kirche geht's durch enge Gassen.

If you want to see the Collegiate Church from Neckargasse, you have to stretch your neck. The way to the church is through narrow alleys.

Pour voir le clocher de l'église collégiale depuis la Neckargasse, il faut tendre le coup! On accède à l'église par des ruelles étroites.

Die Büste aus der Reihe der Skulpturen im C erkennbar an seiner Blattkrone. Ursprüngli anderen Seite der Chorbank als Gegenstück krone. Das Tiefgründige daran ist, dass Dav Schulter auf diese andere Figur hindeutet während Jesus auf sich selbst deutet und da

This bust from the row of sculptures in the c recognisable by his crown of leaves. Original the other side of the bench: an image of Je The profound meaning of this becomes clear reconstructed: David points a finger over his implying "He is the One!", while Jesus points

Ce buste issu de la série de sculptures de l reconnaissable à sa couronne feuillue. Cett pendant, de l'autre côté du banc de chœ d'une couronne d'épines. David montre du cette autre statue, signifiant: «C'est lui», ta même, sous-entendant: «Je suis celui-là».

Bruder Gebhard von der evangelischen Bruderschaft verkauft seit 30 Jahren auf dem Wochenmarkt Blumen und Pflanzen. Seine gute Laune zieht viele Stammkunden an.

Brother Gebhard of the Evangelical Brotherhood (Evangelische Bruderschaft) has been selling plants and flowers in the market for 30 years. His cheerfulness attract many regular customers.

Depuis trente ans, Frère Gebhard, de la confrérie évangélique, vend des fleurs et des plantes sur le marché. Sa bonne humeur attire beaucoup d'habitués.

Der Markt bestimmt an drei Tagen in der Woche den Stadtrhythmus mit. Man trifft sich montags, mittwochs oder freitags zum Schwätzle. Das Treiben vor der prachtvollen Kulisse ist eines der reizvollsten Motive für Touristen.

For three days every week the market influences the rhythm of the city. On Mondays, Wednesdays or Fridays people meet for a chat. The hustle and bustle in front of this splendid background is one of the most charming aspects of the town for tourists.

Le marché donne son rythme à la ville trois fois par semaine. On s'y retrouve le lundi, le mercredi ou le vendredi pour bavarder. Toute cette agitation dans ce décor magnifique fascine bien des touristes.

Die Stiftskirche | Stiftskirche (Collegiate Church) | L'église

Hoch überragt die Stiftskirche die Stadtsilhouette. Vom Neckar her kommend zum Holzmarkt, dem ihr vorgelagerten Platz, geht es steil bergauf. Wo damals eine romanische Kirche stand, wurde zwischen 1470 und 1490 die gotische Pfarr-, später Stiftskirche erbaut. Den Turmhelm erhielt sie Ende des 16. Jahrhunderts. Chorgestühl sowie die 1480 hergestellten Glasfenster des Straßburger Meisters Peter Hemmel von Andlau sind Schätze des Gotteshauses. In der Grablege findet man Grabtumben von Künstlern der Spätgotik und der Renaissance.

The Collegiate Church towers high above the city's skyline. It's a steep climb from the Neckar to the Holzmarkt (timber market), the square in front. Between 1470 and 1490 the Gothic church was built on the site of an earlier Romanesque one. It was at first used for a parish and later converted into a Collegiate Church. The steeple was constructed at the end of the 16th century. The choir stalls and the stained glass windows designed by the Strasburg master Peter Hemmel von Andlau are treasures of this place of worship. Among the burials in the presbytery are graves of artists of the late Gothic and Renaissance period.

L'église collég
ville. La pent
Holzmarkt, la
depuis le Nec
ancienne églis
devenue plus
de 1470 à 149
été dotée d'ur
Parmi ses riche
480 vitraux co
Peter Hemmel
le tombeau de
tardif et de la

Kein Aprilscherz! Am 1. April 1997 fotografierte Wolfgang Wettlaufer vom Sternwartenteam dieses Ereignis: der Komet Hole Bopp direkt über Tübingen (Foto rechts).

No April fool's trick! On April 1rst 1997 Wolfram Wettlaufer of observatory photographed this event: comet Hale Bopp right above Tübingen (see photo right).

*Ce n'est pas u
laufer, membr
phié cet événe
Hole Bopp jus*

Der Holzmarkt

Die Tübinger feiern ihre großen Feste auf dem Holzmarkt über die Marktgasse bis zum Marktplatz: Stadtfest, chokolArt, Umbrisch-Provenzalischer Markt, Martinimarkt und viele andere. Im heißen Sommer sitzen die Menschen gerne auf den Stufen der Stiftskirche im angenehmen Schatten. Rechts im Bild ist der Georgsbrunnen zu sehen.

The big festivals in Tübingen are celebrated in the area from Holzmarkt via Marktgasse to Marktplatz: Stadtfest (city festival), chokolArt, Umbrian-Provençal market, Martinimarkt and many others. During the hot summer months people enjoy sitting in pleasant shade on the steps of the Collegiate Church. The fountain on the right of the picture is St. George's Fountain.

Les habitants de Tübingen célèbrent leurs grandes fêtes sur le Holzmarkt, le long de la Marktgasse jusqu'à la place Marktplatz: fête de la ville, chokolArt, marché ombrien-provençal, marché du Martini, etc. Dans la chaleur de l'été, l'ombre des marches de l'église collégiale est très appréciée. Sur la photo de droite, on peut voir la fontaine Georg.

In der Buchhandlung Heckenhauer absolvierte der Schriftsteller und spätere Nobelpreisträger Hermann Hesse 1895 bis 1899 seine Lehre zum Buchhändler.

At the Heckenhauer bookshop Hermann Hesse, writer and later Nobel laureate, worked as an apprentice book-seller from 1895 to 1899.

Dans la librairie Heckenhauer (photo de gauche), Hermann Hesse, écrivain et prix Nobel, a effectué de 1895 à 1899 son apprentissage pour devenir libraire.

APOLLO

Der Pfleghof

Einst war der Pfleghof Naturalienlager und Verwaltungssitz des Klosters Bebenhausen. Im Zuge der Reformation wurde seine Funktion, wie die so mancher Gebäude in Tübingen, umgewandelt. Unter anderem diente der Pfleghof als Fechtboden, Tanz- und Turnsaal, Ort für die archäologische Sammlung und als Musikprobenraum. Heute bietet der Innenhof Platz für Lesungen, Musikdarbietungen oder einfach zum Träumen. Übrigens, im Innern des Pfleghofes residiert u. a. ein Polizeiposten. So können die Innenstadtbewohner immer sicher sein.

Pfleghof

Long ago the Pfleghof building was used by the abbey Bebenhausen for administrative purposes and the storage of produce. During the Reformation its function changed like that of many other buildings in Tübingen. It served as a fencing and dance hall, a gym, a place for the archaeological collection and a music rehearsal room. Today the inner yard is used for public readings, musical performances or simply for daydreaming. By the way, there is a police station inside the Pfleghof building. Thus, residents of the inner city can feel safe.

Le Pfleghof

Autrefois, le Pfleghof servait à stocker des récoltes et abritait le siège administratif du cloître de Bebenhaisen. Après la Réforme, comme beaucoup d'autres édifices à Tübingen, il a changé de fonction. Le Pfleghof a servi entre autres de salle d'escrime, de danse ou de gymnastique, il a hébergé des collections archéologiques et des répétitions musicales. Aujourd'hui, la cour intérieure accueille des lectures, des spectacles musicaux et des rêveurs. À l'intérieur du Pfleghof se trouve entre autres un poste de police, qui assure la sécurité des habitants de la ville intra-muros.

Am Neckar | Along the Neckar | Au bord du Neckar

Der Neckar entspringt im Schwarzwald, windet sich durch durchs Land und mündet schließlich nach 367 Kilometern bei Mannheim in den Rhein. So richtig schiffbar ist er erst ab Plochingen. In Tübingen können sich deshalb Stocherkähne und Tretboote, Ruderboote und manchmal sogar Schwimmer in und auf ihm tummeln.

Nicht der Moment macht den eigentlichen Zauber aus, sondern die Verwandlung. Der Neckar fließt träge, er braust, er schäumt, er döst, er friert, er kocht. Der Neckar gehört zu Tübingen wie das Schloss oder die Studenten. Der Fluss ist Sommers wie winters einfach schön.

The Neckar originates in the Black Forest, winds its way through the country and finally, after 367 km joins the Rhine near Mannheim. It's properly navigable only from Plochingen. In Tübingen therefore punts and paddleboats, rowing boats and sometimes even swimmers can splash about in the water.

It is not a particular moment that gives the river its charm, but the change. The Neckar runs sluggishly, it roars, it foams, it dozes, it freezes, it boils. The Neckar is part of Tübingen like the castle or the students. In summer and winter it's simply beautiful.

Le Neckar prend sa source dans la forêt Noire, traverse le pays et se jette, après avoir parcouru 367 kilomètres, près de Mannheim dans le Rhin. Il est vraiment navigable à partir de Plochingen. Ainsi, à Tübingen, de grandes barques plates, des pédalos et des canots à rames, de même qu'occasionnellement quelques nageurs, peuvent s'y ébattre.

Ce n'est pas le moment qui en fait la magie, mais la métamorphose. Le Neckar coule indolent, il mugit, écume, somnole, gèle, bout. Le Neckar appartient à Tübingen comme son château ou ses étudiants. Été comme hiver, ce fleuve est tout simplement magnifique.

Die Platanenallee mit ihren rund 200 Jahre alten Bäumen ist eine der schönsten Alleen in Deutschland. Von hier aus hat man einen beeindruckenden Blick über das Wasser auf die berühmte Neckarfront. Wie mag es hier zu Hölderlins Lebzeiten ausgesehen haben?

This avenue of 200-year-old plane trees is one of the most beautiful in Germany. From here you have an impressive view across the water onto the famous Neckar Front, and you can only wonder what it might have looked like in Hölderlin's time.

L'allée des Platanes (Platanenallee), avec ses arbres âgés d'environ 200 ans, est une des plus belles allées d'Allemagne. Cette rive offre une vue impressionnante sur le célèbre front du Neckar. À quoi cela pouvait-il ressembler du temps où Hölderlin était vivant ?

Tübingens schönste Seite

Menschen bewundern diese Ansicht täglich und das Motiv dürfte sogar in Japan oder Argentinien bekannt sein: Die Neckarfront mit dem Hölderlinturm (hinten links) und dem Zwingel, der Ufermauer. Millionenfach wird Tübingens beliebteste Stadtansicht von der Neckarbrücke aus fotografiert.

Tübingen's most beautiful aspect

This view is admired every day and, as a photo motif, is almost certainly known in places as far away as Japan or Argentina. The Neckar front with the Hölderlin Tower (background left) and the Zwingel, the river wall. From the Neckar bridge millions of photographs have been taken of the most popular sight of Tübingen.

La plus belle vue de Tübingen

Le front du Neckar, avec la tour de Hölderlin (derrière à gauche) et le quai, le «Zwingel», est quotidiennement admiré. On dit qu'il est aussi connu au Japon et en Argentine. Cette vue, la plus appréciée de Tübingen, a été photographiée depuis le pont du Neckar plusieurs millions de fois.

Der Hölderlinturm

Der arme Dichter Friedrich Hölderlin (geb. 1770) litt an Wahnsinn, Verrücktheit, Trauer – niemand weiß das so genau. In Lauffen am Neckar geboren, studierte Hölderlin und verbrachte 36 Jahre seines Lebens (1807–1843) in Tübingen. Der inzwischen als geisteskrank geltende Dichter lebte im Turmzimmer bei der Familie des Schreinermeisters Zimmer. Heute ist der Hölderlinturm literarische Gedenkstätte und Museum.

Hölderlinturm (Hölderlin Tower)

The poor poet Friedrich Hölderlin (born in 1770) suffered from mania, madness, melancholia – no one can tell for certain. He was born in Lauffen on the Neckar, studied in Tübingen and spent 36 years of his life here (1807–1843). By that time he was considered insane and lived in the tower with the family of the master carpenter Zimmer. Today the Hölderlin Tower is a memorial and a literature museum.

La tour de Hölderlin

Le pauvre poète Friedrich Hölderlin (né en 1770) souffrait de délire, de folie ou de tristesse – personne ne le sait exactement. Né à Lauffen am Neckar, Hölderlin a étudié et passé 36 ans de sa vie (de 1807 à 1843) à Tübingen. Entre-temps considéré comme aliéné, le poète a vécu dans une chambre de la tour à côté de celle qu'habitait la famille d'un maître menuisier. La tour de Hölderlin est aujourd'hui un monument littéraire et un musée.

Ludwig Uhlands Denkmal in der Uhlandstraße strahlt die Würde des Gelehrten aus. Der Dichter (1787–1862) wurde in Tübingen geboren, wirkte eine lange Zeit seines Lebens in der Stadt und starb hier.

The memorial to Ludwig Uhland in Uhlandstrasse radiates the dignity of a scholar. The poet (1787–1862) was born in Tübingen, worked in the city for a long time and died here.

La statue de Ludwig Uhland, dans la Uhlandstraße, exhale la noblesse de cet intellectuel. Le poète (1787-1862) est né à Tübingen, y a travaillé durant une grande partie de sa vie, et y est mort.

Auf dem Zwingel, einer alten Mauer direkt über dem Wasser, trifft sich seit Jahrhunderten die Jugend.

For centuries young people have been meeting on the Zwingel, the old wall directly above the water.

Le Zwingel, un vieux mur construit directement au bord de l'eau, est le lieu de rendez-vous de la jeunesse depuis des générations.

Das Schwabenhaus

Im strahlend schönen Schwabenhaus, einer weißen Villa direkt am Neckar, hat die Hochschule für Kirchenmusik der Evangelischen Landeskirche (HKM) ihren Sitz. 1899 erbaut, gehörte es zunächst der Studentenverbindung „Suevia".

Schwabenhaus (Swabian Villa)

The Academy for Church Music (Hochschule für Kirchenmusik der Evangelischen Landeskirche (HKM)) has its seat in the stunningly beautiful Schwabenhaus, a white villa on the bank of the Neckar. It was built in 1899 and in those days belonged to the student fraternity Suevia.

La Schwabenhaus

La magnifique Schwabenhaus, une villa blanche qui donne directement sur le Neckar, abrite l'École supérieure de musique sacrée de l'église évangélique du Land (Hochschule für Kirchenmusik der Evangelischen Landeskirche, HKM). Construite en 1899, elle a d'abord appartenu à la corporation étudiante Suevia.

Venedig hat seine Gondeln, Tübingen seine Stocherkähne, deren Steuerung Standvermögen erfordert. Die Stocherkähne sind das Wahrzeichen der Stadt. 133 Stück, hauptsächlich in Besitz von Studentenverbindungen und Fachschaften, gehören zum Tübinger Sommer.

Venice has its gondolas, Tübingen has its punts. Their steering requires stability. The punts are a symbol of the city. 133 of them, mostly belonging to student fraternities and faculty student organisations, are an integral part of summer in Tübingen.

Venise a ses gondoles, Tübingen a ses «Stocherkähne», des barques dont la navigation nécessite un bon sens de l'équilibre. Ces bateaux sont l'emblème de la ville. 133 exemplaires, appartenant principalement à des corporations étudiantes et à des associations professionnelles, font partie intégrante de l'été à Tübingen.

Der Alte Botanische Garten

Im 17. Jahrhundert diente der Park den Studenten als Turnplatz. 1805 wurde das Gelände zwischen Altstadt und Universität als Botanischer Garten mit Arboretum, Gewächs- und Palmhäusern eingerichtet. Weite Rasenflächen laden zum Verweilen und Ausruhen ein.

Alter Botanischer Garten (Old Botanical Garden)

During the 17th century the park served as a sports field for students. In 1805 the area between the old town and the university was converted into a botanical garden with arboretum, greenhouses and palm houses. Wide lawns invite you to linger and take a rest.

L'ancien jardin botanique

Au XVIIe siècle, les étudiants faisaient leur gymnastique dans ce parc. En 1805, le terrain situé entre la vieille ville et l'université a été aménagé en jardin botanique, avec un arboretum et des serres accueillant entre autres des palmiers. De grandes pelouses invitent à la détente et au calme.

Der Neue Botanische Garten

Als in den 60er-Jahren die naturwissenschaftlichen Institute auf der Morgenstelle entstanden, wurde der Botanische Garten dorthin verlegt. Mit seinem vielfältigen Veranstaltungsangebot ist der Botanische Garten ein reizvolles Ziel für alle Pflanzeninteressierten. Die tropischen und subtropischen Pflanzen sind die Attraktionen des Neuen Botanischen Gartens.

Neuer Botanischer Garten (New Botanical Garden)

In the 60s the scientific institutes were moved to Morgenstelle, and the botanical garden was relocated with them. With its diverse programme of events it is an attractive destination for plant lovers. Tropical and subtropical plants are the attractions of the New Botanical Garden.

Le nouveau jardin botanique

Dans les années 1960, les instituts de sciences physiques et naturelles se sont installés sur la Morgenstelle et le jardin botanique y a été déplacé. Avec ses manifestations et ses événements variés, le jardin botanique attire de nombreux visiteurs. Les plantes tropicales et subtropicales sont les attractions principales du nouveau jardin botanique.

Schloss Hohentübingen | Castle Hohentübingen | Le château de Hohentübingen

Das heutige Schloss Hohentübingen war einstmals eine Burg, die Herzog Ulrich von Württemberg um- und ausbauen ließ, um sich – dem Zeitgeist folgend – in „modernster, welscher Manier“ feudaler einzurichten. Das war im 16. Jahrhundert. Heute haben die kulturwissenschaftlichen Fakultäten und Sammlungen ihr Domizil im Schloss. Der Blick vom Parkhaus Metropol suggeriert, es läge gleichsam über dem Bahnhof. Doch bis zum Schloss ist es eine gute Strecke durch die Stadt, die stetig bergauf führt.

What is now Castle Hohentübingen was once a fortress, which Duke Ulrich of Württemberg had renovated and rebuilt so that he could refurnish it in the then fashionable “most modern Italian manner” That was in the 16th century. Today, the Arts and Cultural Studies Faculties and their collections reside here. Seen from the Metropol park deck it looks as if it were right above the railway station. But from there to the castle is a long walk up a steady slope.

L’actuel château de Hohentübingen était autrefois un château fort que le duc Ulrich von Württemberg a fait transformer et élargir pour – selon l’air du temps – aménager son habitation avec opulence, de manière «très moderne, romande». C’était au XVIe siècle. Aujourd’hui, les facultés d’humanités et diverses collections s’y sont installées. La vue depuis le parking Metropol laisse croire que le château est juste au-dessus de la gare. Mais la route est assez longue, et la pente est raide.

Ab 1534 erfolgte unter Herzog Ulrich ein Um- und Neubau zu einer Art Festung. Mit dem unteren Schlosstor hat Tübingen eines der prachtvollsten Spätrenaissance-Portale Deutschlands aufzuweisen.

From 1534 under the reign of Duke Ulrich rebuilding and extension took place to something like a fortress. The lower castle gate is one of the most splendid late Renaissance portals in Germany.

À partir de 1534, sous les ordres du duc Ulrich, suite à des transformations et à de nouvelles constructions, le château est devenu une sorte de forteresse. Avec la porte inférieure, Tübingen peut se targuer de posséder l’un des plus beaux porches de la Renaissance tardive en Allemagne.

Der großartige Innenhof wurde stilvoll restauriert. Die Erdgeschosse sind massiv gemauert, wogegen die Obergeschosse hauptsächlich aus Fachwerk bestehen. Von den Laubengängen bietet sich ein schöner Blick. Veranstaltungen finden nur sehr vereinzelt statt: Fledermäuse haben dieses Revier fest im Besitz und dürfen nicht gestört werden.

The splendid inner courtyard was restored in style. The walls on the ground floor are solid stone, the upper stories mostly timber framed. From the pergola you have a lovely view. Events are seldom staged here: this a residence for bats and they are not to be disturbed.

La splendide cour intérieure a été restaurée avec goût. Les murs des étages inférieurs sont massifs, tandis qu'aux étages supérieurs on trouve principalement des murs à colombages. Les arcades offrent une belle vue. Peu d'événements y sont organisés: des chauves-souris y ont élu domicile et ne doivent pas être dérangées.

Im Rittersaal des Schlosses sind über 350 Abgüsse von berühmten griechischen und römischen Skulpturen zu bewundern. Auf dem Foto ist der Diskuswerfer zu sehen, eine berühmte griechische Bronzestatue aus dem 2. Jahrhundert v. Chr.

In the knight's hall of the castle 350 casts of famous Greek and roman sculptures can be admired. The photograph shows the discus thrower, a famous Greek bronze statue from the 2nd century BC.

Dans la salle d'armes du château, on peut admirer plus de 350 moulages de sculptures grecques et romaines. Cette photo montre le Lanceur de disque, une célèbre statue de bronze grecque datant du IIe siècle avant J.-C.

Die Universität | The University | L'université

Die Eberhard Karls Universität wurde 1477 von Graf Eberhard „im Bart" von Württemberg gegründet. Rund 26000 Studenten studieren an sieben Fakultäten mit mehr als 100 Studiengängen. Über die ganze Stadt und die neuen Stadtteile im Norden sind Universitätsgebäude verteilt.

The Eberhard-Karls-University was founded in 1477 by Count Eberhard "im Bart" (in beard) of Württemberg. Today some 26,000 students are enrolled in seven faculties with more than 100 degree programmes. University buildings are spread throughout the town and the new quarters to the North.

L'université Eberhard Karl a été fondée en 1477 par le comte Eberhard «dans la barbe» du Wurtemberg. Environ 26 000 étudiants fréquentent les sept facultés qui proposent plus de 100 cursus universitaires. Les bâtiments universitaires sont répartis dans toute la ville et dans les nouvelles communes du Nord.

Die neue Aula

Die Neue Aula, in der heute u. a. die juristische Fakultät untergebracht ist, wurde 1841 bis 1846 erbaut und repräsentiert den klassizistischen Stil des 19. Jahrhunderts.

Neue Aula (New Auditorium)

The new auditorium, which nowadays houses the Law Faculty among others, was built from 1841 to 1846 and represents the classicist style of the 19th century.

La nouvelle salle des actes

La nouvelle salle des actes, qui accueille aujourd'hui, entre autres, la faculté de droit, a été construite de 1841 à 1846 et correspond au style classique du XIXe siècle.

Der Bonatzbau

Quelle allen Wissens ist die Universitätsbibliothek im Bonatzbau, die zwischen 1910 und 1912 von dem Stuttgarter Architekten Paul Bonatz (1877–1956) erbaut wurde. Stilistisch dominiert der Neoklassizismus, den Elemente des Barock und des Jugendstils ergänzen. Die Porträts von zwölf berühmten Männern sind in steinere Medaillons gefasst (Bismarck, Kant, Leibniz, Luther, Leonardo da Vinci, Platon, Homer, Dante, Shakespeare, Goethe, Schiller und Uhland).

Bonatzbau (Bonatz Building)

The source of all knowledge is the university library in the Bonatz building, which was built between 1910 and 1912 by the Stuttgart architect Paul Bonatz (1877–1956.) The style is predominantly neo-classicist, complemented by baroque and art-noveau elements. The portraits of twelve famous men are framed by stone medallions (Bismarck, Kant, Leibniz, Luther, Leonardo da Vinci, Plato, Homer, Dante, Shakespeare, Goethe, Schiller and Uhland).

Le Bonatzbau

La bibliothèque universitaire de Bonatzbau, source de tous les savoirs, a été construite de 1910 à 1912 par Paul Bonatz, un architecte de Stuttgart (1877-1956). Son style est dominé par le néoclassicisme, que complètent des éléments baroques et Art nouveau. Les têtes sculptées de douze hommes célèbres sont enserrées dans des médaillons de pierre (Bismarck, Kant, Leibniz, Luther, Leonard de Vinci, Platon, Homère, Dante, Shakespeare, Goethe, Schiller et Uhland).

Die Mensa

Alt in Neu: In der modernen Glasfront der Mensa spiegelt sich die klassizistische Fassade von der gegenüberliegenden klassizistischen Häuserreihe.

Mensa (University Canteen)

Old and new: The modern glass front of the university canteen reflects the façade of the classicist row of houses opposite.

Le restaurant universitaire

De l'ancien dans le nouveau: la baie vitrée du restaurant universitaire reflète les façades de la rangée de maisons classiques qui lui fait face.

Die zoologische Schausammlung

Dieses Graffito ist gewünscht: Ein Mitarbeiter der zoologischen Schausammlung der Universität hat den langweiligen Eingang einladend gestaltet.

Zoologische Schausammlung (Public Zoological Collection)

The graffiti are a welcome. An employee of the public zoological collection of the university has spent some time making the dreary entrance area more inviting.

La collection zoologique

Ce graffiti n'est pas indésirable: un employé de la Collection zoologique de l'université a peint cette entrée ennuyeuse pour la rendre plus accueillante.

Das Ludwig-Uhland-Institut

Das Ludwig-Uhland-Institut der Fakultät Empirische Kulturwissenschaften ist sicherlich eines der romantischsten Seminargebäude überhaupt. Es schmiegt sich – von vorn nicht erkennbar – eng ans Schloss.

Ludwig-Uhland-Institut

The Ludwig Uhland Institute of the Faculty of Empirical Cultural Studies is definitely one of the most romantic department buildings. It huddles against the castle – which is not visible from the front.

L'institut Ludwig-Uhland

L'institut Ludwig-Uhland, de la faculté d'humanités empiriques, est sans doute l'un des bâtiments de cours les plus romantiques qui soient. Indécelable de face, il est accolé au château.

Die Burse

Die Burse wurde unmittelbar nach der Gründung der Universität als Studentenwohnhaus und Lehranstalt errichtet. Der Humanist und Reformator Philipp Melanchthon (1497–1560) lehrte hier einige Zeit. 1803 bis 1805 wurde die Burse zum ersten Tübinger Klinikum umgebaut. Friedrich Hölderlin war 1806/1807 einer der ersten Patienten und verließ das Haus nach 231 Tagen als unheilbar. Bald wurde das Gebäude als Klinik zu klein. Seit 1972 ist die Burse Domizil der Fakultäten Philosophie und Kunstgeschichte.

Burse

The Burse was built immediately after the foundation of the university as a student hostel and teaching building. Philipp Melanchthon (1497–1560), the humanist and reformer, taught here for some time. From 1803 to 1805 the Burse was rebuilt into the first clinical centre of Tübingen. Friedrich Hölderlin was in 1806/1807 admitted as one of the first patients and left the place 231 days later, after having been diagnosed incurable. Soon the building became too small for a clinical centre. Since 1972 the Faculties of Philosophy and Art History reside here.

La Bourse

La Bourse a été construite juste après la fondation de l'université pour faire office de résidence universitaire et d'établissement d'instruction publique. Philipp Melanchthon, humaniste et réformateur (1497-1560), y a enseigné quelque temps. De 1803 à 1805, la Bourse est devenue la première clinique de Tübingen. Friedrich Hölderlin en fut, en 1806-1807, l'un des premiers patients, mais, déclaré incurable, il a quitté la clinique au bout de 231 jours. Bientôt, le bâtiment est devenu trop petit pour accueillir la clinique. Depuis 1972, la Bourse héberge les facultés de philosophie et d'histoire de l'art.

Die Morgenstelle

Geduld gehört zum Leben der Studierenden, gleich ob sie auf den Beginn einer Prüfung oder das Mittagessen warten.

Morgenstelle

Patience is part of the students' life, whether they wait for the start of an exam or for lunch.

Le Morgenstelle

La patience fait partie intégrante de la vie étudiante, qu'ils attendent le début d'un examen ou la pause déjeuner.

Die Studierenden freuen sich über kleine Pausen in der Sonne.

Students enjoy short breaks in the sun.

Les étudiants apprécient les petites pauses au soleil.

Studentenleben mit Band | Student Life in the Fraternities | La vie étudiante en collectivité

Verbindungen bieten ausgewählten Studenten den Rahmen, die eigene Persönlichkeit durch freiwillige Beachtung selbstgegebener Regeln und durch gegenseitige Erziehung weiterzuentwickeln, wie es heißt. Zahlreiche Prominente gehörten und gehören Tübinger Verbindungen an, unter ihnen: Asfa Wossen Asserate (Autor, Großneffe des letzten äthiopischen Kaisers Haile Selassi), Berthold Auerbach (Kämpfer für die Judenemanzipation), Kurt Georg Kiesinger (Ministerpräsident von Baden-Württemberg und Bundeskanzler), Klaus Kinkel (Bundesaußenminister), Gustav Stresemann (Reichskanzler und Reichsminister des Auswärtigen), Ludwig Uhland (Dichter), Carl Freiherr von Weizäcker (Politiker, Vater von Ernst und Viktor, Großvater von Carl Friederich und Richard). Die Studentenverbindung Roigel residiert direkt neben dem Schloss in dem großen Haus neben dem schmalen Hotel.

Fraternities offer selected students the opportunity to develop their personality through voluntary observance of self-determined rules and reciprocal influence, so it is said. Many celebrities have belonged and belong to Tübingen fraternities, among them: Asfa Wossen Asserate (author, great nephew of the last Ethiopian emperor Haile Selassie), Berthold Auerbach (protagonist for the emancipation of Jews), Kurt Georg Kiesinger (formerly prime minister of Baden-Württemberg and German chancellor), Klaus Kinkel (former German foreign minister), Gustav Stresemann (chancellor and foreign minister of the German Reich), Ludwig Uhland (poet), Carl Freiherr von Weizäcker (politician, father of Ernst and Viktor, grandfather of Carl Friederich and Richard). The Roigel fraternity resides right next to the castle in the big house next to the narrow hotel.

Les corporations offrent à certains étudiants un cadre qui leur permet de développer leur personnalité en respectant volontairement des règles qu'ils s'imposent eux-mêmes, et en s'éduquant les uns les autres – c'est ce qui se dit. De nombreuses personnalités ont appartenu et appartiennent à des corporations de Tübingen, parmi lesquelles Asfa Wossen Asserate (auteur, petit-neveu du dernier empereur éthiopien Hailé Sélassié), Berthold Auerbach (militant pour l'émancipation des juifs), Kurt Georg Kiesinger (ministre-président du Bade-Wurtemberg et chancelier fédéral), Klaus Kinkel (ministre fédéral des Affaires étrangères), Gustav Stresemann (chancelier du Reich et ministre du Reich aux Affaires étrangères), Ludwig Uhland (poète), Carl Freiherr von Weizäcker (homme politique, père d'Ernst et de Viktor, grand-père de Carl Friedrich et de Richard). La corporation étudiante Roigel réside tout près du château, dans la grande maison proche du petit hôtel.

Das Universitätsklinikum | University Clinic | La clinique universitaire

Mit 17 Kliniken und Instituten in der unteren Stadt und auf dem Schnarrenberg stellt das Klinikum ein führendes Zentrum der Hochleistungsmedizin dar. Historische Gebäude sind restauriert, die modernen Anlagen werden stetig erweitert. Die Medizinische Fakultät bietet in 68 vorklinischen, klinischen und medizinisch-theoretischen Abteilungen und Instituten Ausbildung und Forschung auf internationalem Niveau mit Tradition. 1805 war das erste Hospital mit insgesamt 15 Betten in der „Alten Burse" eröffnet worden. Dort wurden Medizinstudenten direkt am Krankenbett unterrichtet.

With 17 hospitals and institutes in the lower city and on Schnarrenberg the clinical centre is a leading institution of high quality medical treatment. Historical buildings have been refurbished, modern facilities are steadily being expanded. The Medical Faculty offers training and research of international reputation at 68 pre-clinical, clinical and theoretical medical departments and institutes. In 1805 the first hospital with a total of 15 beds opened in the "Alten Burse", where medical students received instruction at the bedside of the sick.

Avec 17 cliniques et instituts situés dans la partie inférieure de la ville et sur le Schnarrenberg, cette clinique représente un centre de premier plan pour la médecine de haut niveau. Les bâtiments historiques sont rénovés, les installations modernes sont constamment élargies. La faculté de médecine, forte d'une longue tradition, propose dans 68 départements et instituts d'études médicales, cliniques et de médecine théorique, une formation et des laboratoires de recherche de niveau international. Le premier hôpital, qui comportait 15 lits, a été ouvert en 1805 dans la «Alte Burse». Les étudiants en médecine y étaient formés au contact des malades.

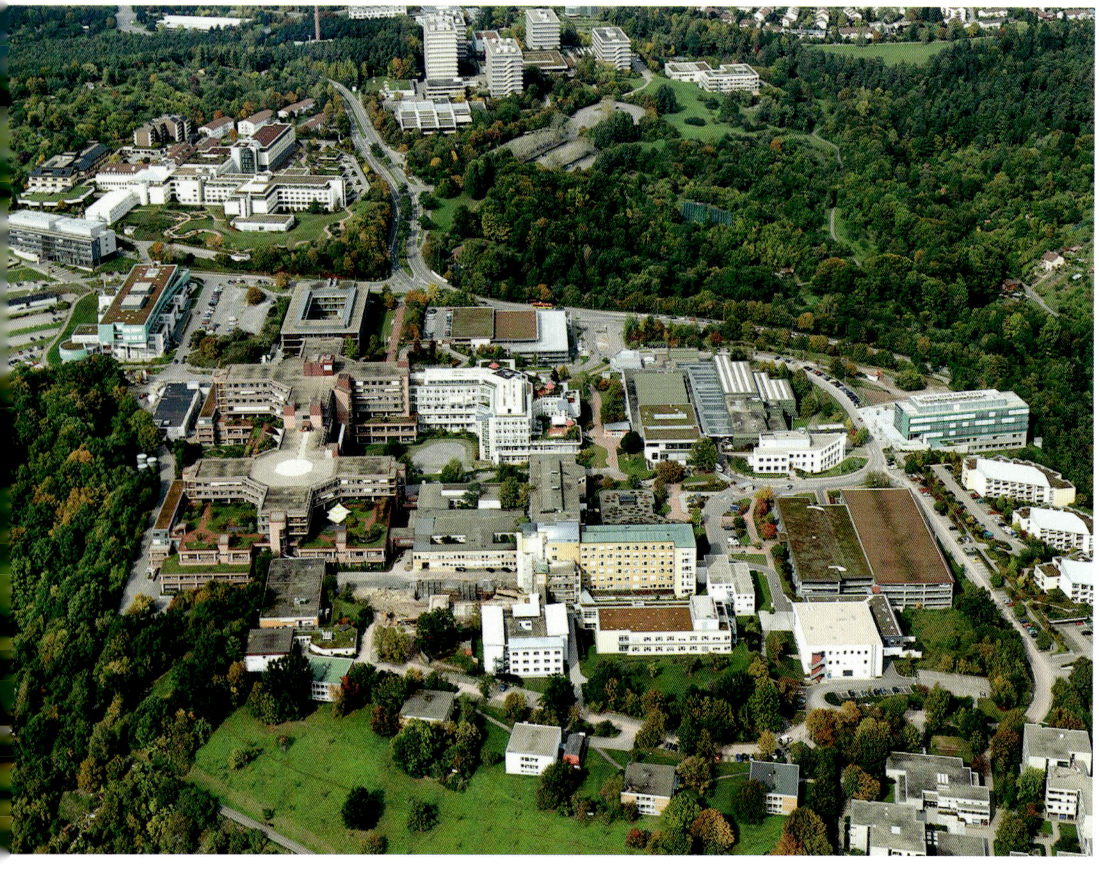

Die markanten Gebäude prägen das Stadtbild und sind vielfach Beispiele für trendsetzende Architektur. Das Universitätsklinikum ist Anlaufstelle für jährlich über 65000 Patienten, die stationär betreut werden. Die ambulante Versorgung nehmen 250000 Patienten in Anspruch.

These striking buildings shape the cityscape and are examples of trend-setting architecture. Every year the university clinic is used by 65,000 inpatients and 250,000 outpatients.

Ces bâtiments marquants contribuent à façonner l'image de la ville et sont des exemples divers d'architecture novatrice. La clinique universitaire accueille 65 000 patients stationnaires par an, contre 250 000 pour les structures ambulatoires.

Psychiatrische Klinik

Der historische Bau der Universitätsklinik für Psychiatrie und Psychotherapie wurde 1895 errichtet. Von der Unterstadt aus hat man einen Blick direkt auf die Gebäude, die sich zwar in Halbhöhenlage befinden, aber trotzdem zu dem Komplex „Kliniken Tal" gehören.

Psychiatrische Klinik (Psychiatric Hospital)

The historical buildings used by the psychiatric hospital of the university were built in 1895. From the lower city you have a direct view of the complex, which is situated half way up the hill, but nevertheless belongs to the hospital group "Tal" (valley).

La clinique psychiatrique

Le bâtiment historique de la clinique universitaire de psychiatrie et de psychothérapie a été construit en 1895. On peut voir ces bâtiments depuis la partie basse de la ville: même s'ils se situent à mi-hauteur, ils appartiennent tous au complexe Kliniken Tal.

Gassen, Straßen, | Alleys, Streets, Steps (Stäffele) Stäffele | Rues, ruelles, escaliers

Stäffele rauf und runter, kreuz und quer. Viele Wege in der Innenstadt mögen für Fußgänger beschwerlich sein und sind für Autos unpassierbar. Wenn's mit dem Rad nicht weitergeht, muss es halt warten. Verwinkelte Gassen und Stäffele, die treppauf und treppab führen, wirken nicht etwa museal, sondern belebt und bewohnt. Auch in den winzigsten und witzigsten Behausungen haben Studierende eine Unterkunft gefunden. In den historischen Gebäuden findet man schicke Boutiquen, urige Kneipen und angesagte Restaurants.

Upstairs and downstairs, to and fro. Many routes of the inner city may be tiring for pedestrians and impassable for cars. If it's not possible on wheels, it'll have to wait. Winding alleys and flights of stairs, going up and down, do not appear museum like, but habitable and lived in. Even in the tiniest and funniest places students have found a room. Elegant boutiques, rustic bars and trendy restaurants can be found in ancient buildings.

Des escaliers menant vers le haut, vers le bas, ici et là… Bien des itinéraires peuvent s'avérer pénibles à pied, infranchissables en voiture. Et quand on ne peut pas continuer à vélo, on est bien obligé de l'abandonner. Ruelles tortueuses et escaliers qu'on monte ou qu'on descend donnent à la ville un aspect vivant et habité. Même dans les appartements les plus minuscules, des étudiants ont trouvé refuge. Dans les bâtiments historiques se sont installés des boutiques chics, des bars pittoresques et des restaurants raffinés.

Ammergasse

In der Ammergasse lebten früher Weingärtner, Gôgen und Handwerker. Die Ammer fließt heutzutage sichtbar parallel zur Straße. Eine lange Zeit lang war sie überdeckelt. „Klein-Venedig“ ist eine beliebte Einkaufsstraße.

Ammergasse

Ammergasse is a street where wine growers, Gôgen (Gog is a nick name for natives of Tübingen, Gôgen is the plural.) and craftspeople used to live. The Ammer runs parallel and – nowadays visible – next to the street. For a long time it was covered. “Little Venice” is a popular shopping area.

Ammergasse

Dans cette ruelle habitaient autrefois des vignerons, des «Gôgen» (Souabes) et des ouvriers. L'Ammer coule aujourd'hui à ciel ouvert, parallèlement à la rue, après avoir été longtemps recouverte. Klein-Venedig («petite-Venise) est une rue commerçante appréciée.

Das Stadtmuseum im Kornhaus

Der alemannische Fachwerkbau von 1453 diente anfangs zur Überdachung des Kornmarkts, wo schwungvoller Handel getrieben wurde. Durch Aufstockungen und Umbauten entstand das Haus in dieser Größe. Im 16. und 17. Jahrhundert fanden in Teilen des Kornhauses große gesellschaftliche Veranstaltungen statt. Ab dem 18. Jahrhundert wurde das Gebäude in unterschiedlicher Weise genutzt, bis zum Ende des 19. Jahrhunderts u. a. auch als Schule. Feuerwehr und das Rote Kreuz waren weitere Mieter. Nach einer umfangreichen Sanierung zog 1991 das Stadtmuseum in das Kornhaus ein.

Stadtmuseum im Kornhaus (City Museum in the Corn Market)

Originally the Alemannic timber frame building served as a roof for the corn market, where a roaring trade was conducted. Its present size is the result of heightening and rebuilding. During the 16th and 17th centuries parts of the Corn Market were the venue for large social gatherings. In the 18th and 19th century the building was used in a variety of ways, among others as a school house, a fire station and by the Red Cross. In 1991, after extensive reconstruction the City Museum moved into the Corn Market.

Le musée municipal dans la Kornhaus (maison du blé)

Cette construction alémanique à colombages datant de 1453 a d'abord servi à couvrir le marché à blé, où le commerce battait son plein. Des étages ont ensuite été ajoutés et la maison a été restructurée. Aux XVIe et XVIIe siècles, de grands événements sociaux étaient organisés dans certaines parties de la Kornhaus. À partir du XVIIIe siècle, l'édifice a eu différentes fonctions, faisant par exemple office d'école jusqu'à la fin du XIXe siècle. Les pompiers et la Croix-Rouge s'y sont aussi installés. Après de grands travaux de rénovation, en 1991, un musée municipal a été aménagé dans la Kornhaus.

Der Stiefelhof

Der Stiefelhof, in dem der Ledergerber Stiefel wohnte und arbeitete, gilt als das älteste Haus Tübingens. Es wurde 1323 erbaut.

Stiefelhof (Stiefel's Yard)

Stiefel's Yard is considered the oldest house in Tübingen. It was built in 1323. The name derives from the tanner Stiefel, who used to work and live here.

Le Stiefelhof

Cette maison, où le tanneur Stiefel a vécu et travaillé, est considérée comme la plus vieille de Tübingen. Elle a été construite en 1323.

Der Radfahrer vom Affenfelsen

Dieser Platz zwischen Nonnenhaus und Gaststätte Wurstküche wird Affenfelsen genannt. Wer hier sitzt, will sehen und gesehen werden: Jung und Alt, Studenten und Rentner, Schüler und Professoren. Und der bronzene König Radfahrer der Künstlerin Suse Müller-Diefenbach ist immer auf Achse.

The Cyclist on Monkey Rock (Affenfelsen)

This square between the convent and the restaurant Wurstküche is called Monkey Rock. People sit here to see and be seen: old and young, students and pensioners, school children and professors. And King Cyclist, a bronze sculpture of the artist Suse Müller-Diefenbach, is always on the move.

Le cycliste d'Affenfelsen

Cette place, située entre la Nonnenhaus et l'auberge Wurstküche, s'appelle Affenfelsen («rochers aux singes»). On s'y arrête pour voir et être vu – jeunes et vieux, étudiants et retraités, écoliers et professeurs. Et le roi en bronze juché sur son vélo, de l'artiste Suse Müller-Diefenbach, est toujours par monts et par vaux.

Das Evangelische Stift

Das ehemalige Augustinerkloster wurde nach der Reformation zum herzoglichen Stipendium. Im „Stift“ genossen evangelische Theologiestudenten eine kostenlose Ausbildung. In diesen Mauern haben so berühmte Stiftler studiert wie der Astronom Johannes Kepler, der Dichter Gustav Schwab und das Dreigestirn der großen Denker Georg Wilhelm Friedrich Hegel, Friedrich Hölderlin und Friedrich Wilhelm Joseph Schelling.

Heute wohnen und studieren hier 120 Theologiestudenten (seit 1969 auch Frauen). Gäste haben über den Innenhof Zugang zum wundervollen Garten direkt am Neckar.

The Protestant Monastery (Evangelisches Stift)

After the Reformation the former monastery of Augustinian monks was converted into a ducal foundation. At the “Stift” protestant students of theology received free education. Among the famous students who lived inside these walls are the astronomer Johannes Kepler, the poet Gustav Schwab and the three great artists and intellectuals Georg Wilhelm Friedrich Hegel, Friedrich Hölderlin and Friedrich Wilhelm Joseph Schelling.

Today, 120 students of theology (since 1969 including women) live and study here. Visitors can access the marvellous garden on the riverbank via the inner courtyard.

L’institut évangéliste

Après la Réforme, l’ancien cloître augustin est devenu un institut de formation ducal. Il dispensait à des étudiants en théologie évangélique une formation gratuite. Dans ces murs ont été formées des personnalités aussi célèbres que l’astronome Johannes Kepler, le poète Gustav Schwab et la trinité de grands penseurs Georg Wilhelm Friedrich Hegel, Friedrich Hölderlin et Friedrich Wilhelm Joseph Schelling.

Aujourd’hui, 120 étudiants en théologie y vivent et y travaillent (l’établissement est mixte depuis 1969). En traversant la cour intérieure, les visiteurs peuvent accéder au magnifique jardin situé au bord du Neckar.

Das Katholische Stift

Das Wilhelmstift ist das katholische Pendant. Das ehemalige Franziskanerkloster wurde Ende des 16. Jahrhunderts zur Ritterakademie (Collegium Illustre) umgewandelt und diente bis zum Dreißigjährigen Krieg als Ausbildungsort für den protestantischen europäischen Adel. 1817 wurde es erneut umgewidmet und ist nun die Ausbildungsstätte der Diözese Rottenburg-Stuttgart für angehende Priester.

The Catholic Monastery (Katholisches Stift)

Wilhelmstift is the Catholic counterpart. The former Franciscan monastery was converted into a knight's academy (Collegium Illustre) at the end of the 16th century served as an educational centre for protestant European nobility until Thirty Years War. In 1817 it was reassigned and is now used by the diocese Rottenburg-Stuttgart to train future parsons.

L'institut catholique

L'institut Wilhelm en est le pendant catholique. À la fin du XVIe siècle, l'ancien cloître franciscain est devenu une Ritterakademie (établissement dispensant un enseignement d'élite) et a formé, jusqu'à la guerre de Trente ans, la noblesse protestante européenne. Il a de nouveau changé de fonction en 1817 ; il s'agit aujourd'hui du centre de formation du diocèse de Rottenburg-Stuttgart pour futurs prêtres.

Das Nonnenhaus

Der Fachwerkbau aus dem Jahr 1488 wurde erst kürzlich restauriert. Der Vorbau am Ammerkanal war der Abort der frommen Bewohnerinnen, Dominikanerinnen und Beginen. Nach der Reformation wohnte der Medizinprofessor und Botaniker Leonhart Fuchs (1501–1566), nach dem die Fuchsie benannt ist, in dem Haus.

Nonnenhaus (Convent)

The timber frame building from 1488 has recently been restored. The porch towards the Ammer canal used to be the privy of the Dominican nuns and Beguines. After the Reformation Ludwig Fuchs (1501–1566) a medical professor and botanist, after whom Fuchsias were named, lived in this house.

La Nonnenhaus

Cette maison à colombages datant de 1488 n'a été restaurée que récemment. L'avant-corps situé au bord de l'Ammerkanal était le cabinet d'aisance des pieuses habitantes, dominicaines et béguines. Après la Réforme, Leonhart Fuchs (1501-1566), professeur de médecine et botaniste, y a habité et la maison a été rebaptisée «Fuchsie».

Jakobuskirche und Schloss

Die Jakobuskirche, eingekastelt zwischen Salzstadel, Madergasse und Jakobsgasse, ist eine romanische Kirche auf der Strecke des europäischen Jakobs-Pilgerweges. Um 1200 auf langen Eichenpfählen im sumpfigen Gebiet der Unterstadt errichtet, wurde sie Anfang des 18. Jahrhunderts zwar evangelisch, aber die Pfarrer beider Konfessionen einigten sich schon damals auf eine Art Ökumene. Die Kirche wurde sowohl von Protestanten als auch Katholiken genutzt. Im Hintergrund ist einer der Schlosstürme zu erkennen.

Jakobuskirche und Schloss (Church of St. James and Castle)

St. James' Church, hemmed in by the ancient salt store and the narrow roads of Madergasse and Jakobsgasse, is a Romanesque building along the route of the European St. James' Pilgrim Route. Built around 1200 on top of long oak poles in the swampy area of the lower city it did become Protestant in the early 18th century, but the parsons of both confessions agreed some sort of ecumenical arrangement. The church was then used by Protestants as well as Catholics. In the background you can see one of the towers of the castle.

L'église Jakobus et le château

L'église Jakobus, entourée des rues Salzstadel, Madergasse et Jakobsgasse, est une église romane qui fait partie du chemin de pèlerinage de Saint-Jacques de Compostelle. Construite autour de 1200 sur de longs pilotis de chêne, dans le terrain marécageux de la partie basse de la ville, elle était évangélique au début du XVIIIe siècle. Cependant, déjà à l'époque, les prêtres des deux confessions s'étaient entendus sur une sorte d'œcuménisme. L'église était fréquentée par des protestants aussi bien que par des catholiques. À l'arrière-plan, on peut apercevoir une des tours du château.

Der Fruchtkasten

Vor 500 Jahren entstand der wuchtige Fachwerkbau des Fruchtkastens in der Schmiedtorstraße als Kelter und Kornspeicher. 28 mal 18 Meter auf 25 Meter Höhe – das sind außergewöhnliche Maße für einen mittelalterlichen Profanbau. Das gewaltige Fachwerk besteht fast ausschließlich aus Eichenholz. Das Gebäude war nicht nur mit Wein und Heu gefüllt, sondern ebenso mit Kindern, schließlich fungierte es zwischenzeitlich als Schule. Erst Ende der 90er-Jahre verließen die Schüler den Fruchtkasten und die große Sanierung begann, wobei dem Gebäude sein Hallencharakter zurückgegeben wurde. Seit 2003 residiert das Bürgeramt im Fruchtkasten.

Fruchtkasten (Fruit Box)

500 years ago the massive half-timbered Fruchtkasten (Fruit Box) was built in Schiedtorstrasse as a wine press and granary. 28 by 18 metres and 25 metres high – these are exceptional dimensions for a secular building of the Middle Ages. The mighty timber frame consists almost entirely of oak. The building was not just filled with wine and hay, but also with children, because it was used from time to time as a school. Only in the 1990s did the students leave the Fruchtkasten and the big renovation began, which re-established the hall-like structure of the building. Since 2003 the Fruchtkasten has been occupied by the Bürgeramt (local public administration office).

Fruchtkasten

Édifiée il y a 500 ans, l'imposante construction à colombages du Fruchtkasten dans la Schmiedtorstraße servait de pressoir et de grenier à blé. Il mesure 28 mètres sur 18, avec une hauteur de 25 mètres – une taille peu ordinaire, au Moyen-Âge, pour une construction profane. L'imposant colombage est presque entièrement constitué de bois de chêne. L'édifice n'était pas seulement rempli de vin et de foin, mais également d'enfants, puisque entre-temps, il a également servi d'école. Ce n'est qu'à la fin des années 1990 que les écoliers ont quitté le Fruchtkasten et que les grands travaux de rénovation ont commencé, qui devaient rendre au bâtiment son aspect originel: des halles. Depuis 2003, le Fruchtkasten héberge le Centre d'accueil des citoyens.

Die Kelter

Als Mitte des 18. Jahrhunderts der Kelternverein als Weingärtnergenossenschaft gegründet wurde, baute man den damaligen Stiftsfruchtkasten zur Kelter um. Mit modernen Gerätschaften betrieben die Weinbauern die Winzerei. In dem wuchtigen Gebäude befindet sich heute eine schicke Gastronomie.

Kelter (Wine Press)

When the Wine Press Association (Kelternverein) was founded as a cooperative of the wine growers in the middle of the 18th century, they remodelled the former abbey granary into a wine press. The wine growers used up to date equipment in their business. Today, the massive building holds a fashionable restaurant.

Le pressoir

Quand, au mitan du XVIIIe siècle, une coopérative de vignerons a été fondée, on a transformé une partie du Fruchtkasten en pressoir. Les viticulteurs transformaient les récoltes des vendanges grâce à un outillage moderne. L'imposante bâtisse abrite aujourd'hui un restaurant gastronomique.

Die Ammer

Sie misst nicht einmal 25 Kilometer und hat doch eine große Bedeutung für die Stadt. Die Ammer fließt am Rande des Schönbuchs, vereinigt sich mit dem Goldersbach und mündet kurz danach in den Neckar. Bis 1930 trieb das Flüsschen über 20 Mühlen an und sorgte so für Energie in den Handwerksbetrieben.

Ammer

It isn't even 25 kilometres long, but it is immensely important for the city. The Ammer flows along the edge of the nature reserve Schönbuch, is joined by another stream the Goldersbach and shortly after flows into the Neckar. Until 1930 the little steam covered a distance of about 20 mills and thus provided energy for craftsmen's operations.

L'Ammer

Elle mesure à peine 25 kilomètres, mais elle est très importante pour la ville. L'Ammer longe la commune de Schönbuch, rejoint le Goldersbach et se jette peu après dans le Neckar. Jusqu'à 1930, cette petite rivière actionnait la roue de plus de 20 moulins et fournissait ainsi en énergie les entreprises artisanales.

Das Bürgerheim

Richtung Krumme Brücke sieht man ein hellgrünes Türmchen durchschimmern. Es gehört zum einstigen Spital, das wohl im 13. Jahrhundert gegründet wurde. Es bot Unterkunft für Arme, Sieche und Findelkinder. Nach der Renovierung des gewaltigen Baus wird es heute als Bürgerheim genutzt.

Bürgerheim

In the direction of Krumme Brücke (bent ridge) you can glimpse a light green turret shining through. It is part of a former infirmary, which was probabyl founded in the 13th century and provided accommodation for the poor, invalids and foundlings. After a renovation the big building is now used as a community centre.

Le Bürgerheim

En regardant vers le pont Krumme, on peut apercevoir une petite tour vert clair. Elle appartient à l'hospice qui y a été fondé au XIIIe siècle. Il accueillait des pauvres, des souffreteux et des enfants trouvés. Depuis sa rénovation, l'imposant édifice fait office de maison de retraite.

Kulturelle Vielfalt | Cultural diversity | La diversité culturelle

Das Landestheater LTT

In der ehemaligen Stuhlfabrik Schäfer residiert seit 1979 das Landestheater Tübingen – LTT. Gebäude und Einrichtung verbinden den Charme von Werkhalle und Produktion mit Bühnenduft und Bretterknarren. Inszeniert werden u. a. Klassiker, Uraufführungen, Tanz-Projekte.

Landestheater LTT (State Theatre)

Since 1979 the State Theatre Tübingen (LTT) has resided in the former chair factory Schäfer. The building and its furnishings combine the charm of a factory hall and production area with the sounds and fragrances of the stage. Among others, the theatre stages classic dramas, premieres, and ballet performances.

Le théâtre LTT

L'ancienne usine de chaises Schäfer abrite depuis 1979 le théâtre du Land de Tübingen – LTT. Le bâtiment et son aménagement conjuguent le charme de l'atelier de production à l'odeur de la scène et aux craquements des planches. Y sont mis en scènes des classiques, des créations et des projets chorégraphiques.

Das Zimmertheater

Im Zimmertheater in der Bursagasse mit Garten zum Zwingel, direkt an der Neckarfront und nahe beim Hölderlinturm, werden ein Zimmer und ein Gewölbe sowie das Foyer bespielt. Berühmtester Intendant war George Tabori, der in den 70er-Jahren des letzten Jahrhunderts in Tübingen wirkte.

Zimmertheater

The Zimmertheater in Bursagasse has a garden giving on to the Zwingel (riverside wall). It is right on the riverfront and near the Hölderlin Tower. Plays are staged in a room and a vault plus the entrance hall. Its most famous director was George Tabori, who worked in Tübingen during the 1970s.

Le théâtre Zimmer

Dans le théâtre Zimmer de la Bursagasse, près du Zwingel, sur le front du Neckar et près de la tour Hölderlin, les représentations ont lieu dans une salle, une voûte et un foyer. Le directeur le plus célèbre en a été George Tabori, qui officiait à Tübingen dans les années 1970.

Kunsthalle

Bereits Hunderttausende Interessierte stiegen über diese Stufen zur Kunsthalle, einer zweckmäßigen Glas-Beton-Konstruktion aus dem Jahr 1971. Immer wieder macht sie mit spektakulären Ausstellungen, wie z. B. „Der Innere Blick“ mit Werken von Claus Dick, Furore.

Kunsthalle (Art Hall)

Hundreds of thousands of interested people have climbed these stairs towards the Kunsthalle, a functional construction of glass and concrete since 1971. Time and again, spectacular exhibitions have been staged here that have caused a major stir, for example “Der Innere Blick” (Internal View) with works by Claus Dick.

La Kunsthalle (halle des arts)

Plusieurs centaines de milliers d'amateurs d'art ont déjà gravi ces marches jusqu'à la Kunsthalle, une construction de verre et de béton datant de 1971. Elle fait régulièrement parler d'elle grâce à des expositions spectaculaires, comme celle intitulée «Le Regard intérieur» avec des œuvres de Claus Dick.

Club Voltaire

Als eines der authentischen Relikte der 70er-Jahre, gegründet 1970, ist der Club Voltaire nach wie vor eine angesagte Adresse, nicht nur für alternative Kulturangebote.

Club Voltaire

The Club Voltaire was founded in 1970 and is an authentic relic of those times, but at the same time it still is a fashionable place, and not just for cultural activities outside the mainstream.

Le Club Voltaire

Le Club Voltaire, l'un des rares vestiges authentiques des années 1970, fondé en 1970, reste une adresse à la mode, entre autres grâce à son offre culturelle alternative.

Das Sudhaus

Mitte des 19. Jahrhunderts entstand am südlichen Stadtrand eine Brauerei. Nachdem das Sudhaus ausgedient hatte, wurde dort ab 1927 eine Möbelfirma betrieben. Seit 1988 befindet sich im Sudhaus das Kultur- und Gewerbezentrum mit einem der größten Konzertsäle der Stadt.

Sudhaus (Brew house)

In the middle of the 19th century a brewery was set up on the southern edge of the city. When the brew house fell into disuse, a furniture business started there in 1927. Since 1988 it has been used as a cultural and commercial centre, with one of the largest concert halls of the city.

La Sudhaus

Au milieu du XIXe siècle, une brasserie a été fondée à la limite sud de la ville. Une fois celle-ci fermée, la Sudhaus est devenue, en 1927, une entreprise de meubles. Depuis 1988, elle abrite un centre culturel et professionnel, avec l'une des plus grandes salles de concert de la ville.

Das Epplehaus

Das Jugendhaus in Bahnhofsnähe ist so schön schrill wie viele seiner Gäste – eine megagroße Graffitiwand für Witze, Karikaturen und Parolen.

Epplehaus

The youth club near the station is as colourful and striking as many of its visitors. It has a gigantic graffiti wall for jokes, caricatures, and slogans.

L'Epplehaus

Cette maison de la jeunesse, près de la gare, est aussi stridente que nombre de ses visiteurs – un immense mur de graffitis y accueille des blagues, des caricatures et des slogans.

Im Lammhof

Im Lammhof diskutieren diesen beiden bronzenen Herren – ein Gôg und ein Professor von Karl-Henning Seemann – seit 1979. Der Innenhof selbst wurde auf Initiative der Anlieger 2006 saniert.

Im Lammhof

These bronze gentlemen – a local and a professor by Karl-Henning Seemann – have been debating in Lammhof since 1979. Initiated by the neighbours the courtyard itself was renovated in 2006.

Im Lammhof

Dans le Lammhof, ces deux messieurs de bronze – un «Gôg» et un professeur von Karl-Henning Seemann – discutent depuis 1979. La cour intérieure elle-même a été restaurée en 2006 sur l'initiative des riverains.

Der Stadtfriedhof | Stadtfriedhof (Municipal Cemetery) | Le cimetière municipal

Den Stadtfriedhof, den rund 200 Jahre alten Ort der Stille, zu betreten, heißt, großen Geistern zu begegnen. Holzschilder weisen auf die Grabstätten berühmter Geistesgrößen hin: Hier ruhen die Dichter Friedrich Hölderlin, Ludwig Uhland und auch die Dichterin Ottilie Wildermuth. Ferdinand Christian Bauer und Adolf Schlatter waren große Theologen, Eduard Spranger ein berühmter Pädagoge, Carlo Schmid und Kurt Georg Kiesinger unvergessene Politiker. Der Stadtfriedhof wurde 1829 von Oberamtsarzt Gotthold Immanuel Jakob Uhland, einem Onkel des Dichters Ludwig Uhland, geplant.

In the municipal cemetery, a 200 year old haven of peace and quiet, one is reminded of great artists and intellectuals of the past. Wooden signs point out the graves of famous poets and scholars: The poets Friedrich Hölderlin, Ludwig Uhland and Ottilie Wildermuth are buried here. Ferdinand Christian Bauer and Adolf Schlatter were important theologians, Eduard Spranger a famous educationalist. Carlo Schmid and Kurt Georg Kiesinger are unforgotten as politicians. The municipal cemetery was planned in 1829 by the senior public health officer Gotthold Immanuel Jakob Uhland, an uncle of the poet Ludwig Uhland.

Entrer dans le cimetière municipal, vieux de presque 200 ans, revient à fréquenter de grands esprits. Des panneaux de bois indiquent la tombe de plusieurs génies célèbres: c'est ici que reposent les poètes Friedrich Hölderlin et Ludwig Uhland ainsi que la poétesse Ottilie Wildermuth. Ferdinand Christian Bauer et Adolf Schlatter étaient de grands théologues, Eduard Spranger un célèbre pédagogue, Carlo Schmid et Kurt Georg Kiesinger des hommes politiques inoubliables. Le cimetière municipal a été conçu par le médecin officiel du district Gotthold Immanuel Jakob Uhland, un oncle du poète Ludwig Uhland, en 1829.

Die Bank vor dem Hölderlingrab, dem bekannten Dichter (1770–1843), lädt den Besucher ein, beschauliche Momente an diesem Ort zu verbringen.

The bench opposite of the well-known poet Hölderlin's grave (1770–1843) invites the visitor to spend a few contemplative moments here.

Le banc situé devant la tombe de Hölderlin, le célèbre poète (1770-1843), invite les visiteurs à la contemplation.

Friedrich Zundel (1875–1948) hat nicht nur als Maler, sondern auch als Ehemann zweier bedeutender Frauen Beachtung erlangt. Die Sozialistin und Frauenrechtlerin Clara Zetkin war lange seine Wegbegleiterin. Später heiratete er Paula Bosch, die Tochter des Firmengründers Robert Bosch. 1971 stifteten Paula Zundel und ihre Schwester Margarete Fischer-Bosch die Kunsthalle Tübingen, um eine dauerhafte Bleibe für Zundels Werke zu schaffen.

Friedrich Zundel (1875–1948) made a name for himself as a painter and attracted attention as the husband of two prominent women. For many years the socialist and women's rights activist Clara Zetkin was his partner. Later, he married Paula Bosch, the daughter of Robert Bosch, the famous entrepreneur. In 1971 Paula Zundel and her sister Margarete Fischer-Bosch funded the Kunsthalle Tübingen to create a permanent home for Zundel's works.

Friedrich Zundel (1875-1948) a obtenu le respect de deux femmes importantes non seulement en tant que peintre, mais aussi en tant que mari. La socialiste et féministe Clara Zetkin a longtemps été sa compagne. Plus tard, il a épousé Paula Bosch, la fille de l'entrepreneur Robert Bosch. En 1971, Paula Zundel et sa sœur Margarete Fischer-Bosch ont fondé la Kunsthalle de Tübingen pour assurer une demeure durable aux œuvres de Zundel.

Uhlands Grab strahlt die Größe des Dichters aus (1787–1862), einer der berühmtesten Söhne der Stadt.

Uhland's (1787–1862) grave tells of the greatness of the poet. He is one of the city's most famous sons.

La tombe d'Uhland reflète la grandeur du poète (1787-1862), l'un des fils les plus célèbres de la ville.

Der Bismarckturm

Nicht etwa Reichskanzler Fürst Bismarck, sondern Tübinger Studenten initiierten den Bau einer Bismarcksäule. Der König von Württemberg war angetan und unterstützte das Projekt, das 1907 auf dem höchsten Punkt des Schlossberges realisiert wurde. Das Denkmal war nie öffentlich zugänglich und verfiel im Laufe der Jahrzehnte, bis es 1999 mithilfe einer Spende restauriert werden konnte. Die Aussicht könnte wunderbar sein, aber im Laufe der Zeit haben kräftig gewachsene Bäume, die den Turm gleichsam umarmen, den Blick versperrt.

Bismarckturm (Bismarck Tower)

It wasn't chancellor Bismarck, but students from Tübingen who initiated the construction of a Bismarck Column. The King of Württemberg was delighted and supported the idea. In 1907 the column was set up at the highest point of the Schlossberg. The monument was not accessible to the public and fell into disrepair until 1999, when its restoration was funded by public donations. The panorama would be amazing if it were not for the trees that have grown up around it in the meantime block the view.

La tour Bismarck

Non pas Bismarck, chancelier du Reich et prince, mais des étudiants de Tübingen, sont à l'origine de la construction d'une tour Bismarck. Le roi du Wurtemberg, séduit par le projet, l'a soutenu: il fut réalisé en 1907 au sommet du Schlossberg. Le monument n'a jamais été accessible au public et s'est peu à peu détérioré, jusqu'à ce qu'il puisse être restauré, en 1999, avec l'aide d'une subvention. La vue aurait pu être magnifique, mais elle a progressivement été obstruée par les grands arbres qui entourent la tour.

Der Österberg

Tübingens Hausberg, der Österberg, überragt mit seinen 450 Metern Höhe die Innenstadt. Beste Wohngegend, zahlreiche Verbindungshäuser und Drachenfest sind einige der Stichworte, die man mit ihm verbindet. Dominiert wird er vom Funkturm, der einst einer der etwa zehn Kaiser-Wilhelm-Türme in Deutschland (erbaut 1891) war. 1963 wurde er, nachdem moderne Elektronik Einzug gehalten hatte, an die Deutsche Bundespost vermietet, die die Spitze des Aussichtsturms entfernte und einen Fernsehumsetzer installierte. Heute ragt der Turm 40 Meter in die Höhe. 100 Mitarbeiterinnen und Mitarbeiter sind im Tübinger Standort des Südwestrundfunks auf dem Österberg beschäftigt. Es werden Nachrichten, Regionalberichte, Musik- und Magazinsendungen sowie Zulieferungen für alle SWR-Programme produziert.

Österberg

Tübingen's local mountain, the Österberg with a height of 450 metres towers above the inner city. Top residential area, many fraternity houses and kite festival are some of the things that come to mind when it is mentioned. It is dominated by the radio tower (built in 1891) which used to be one of the ten Kaiser Wilhelm towers of Germany. In 1963 after the advent of modern electronic equipment it was let to the German post office. The top was removed and a television signal converter installed. Today, the tower is 40 metres high. The Tübingen studio of the Südwestrundfunks (local public radio and TV station) with 100 employees is located here. They produce news programmes, local reports, music and television shows.

L'Österberg

L'Österberg domine Tübingen de ses 450 mètres. Lieu de vie exceptionnel, nombreuses maisons de corporations étudiantes et festival de cerfs-volants sont quelques-unes des notions qu'on y associe. Il est surplombé par la tour de radio, qui fit partie de la dizaine de tours de l'empereur Wilhelm en Allemagne (construite en 1891). En 1963, après l'arrivée de l'électronique moderne, elle a été louée à la Deutsche Bundespost, qui a retiré l'antenne de la tour et a installé un émetteur de télévision. Aujourd'hui, la tour mesure 40 mètres de haut. La station locale de Tübingen de la Südwestrundfunk emploie 100 personnes sur l'Österberg. Des flashs d'informations, des reportages sur la région, des émissions de musique et des magazines, de même que divers programmes en sous-traitance, y sont produits.

Die Südstadt | South Town | Au sud de la ville

Von Süden fährt man auf der B 27 über eine supermoderne Kreuzung – das soll das mittelalterliche Tübingen sein? Manchen der Gebäude in der Südstadt sieht man ihre militärische Vergangenheit an: Wohn- und Geschäftshäuser waren einst Kasernen, Panzerhalle oder Pferdeställe. Andere sind im Rahmen der Entwicklung der Südstadt entstanden. Etwa 60 Hektar groß ist diese ehemalige Militärbrache, auf der sich nach dem Abzug der französischen Truppen 1991/1992 moderne Stadtquartiere nach neuesten städtebaulichen Erkenntnissen entwickelten. Im **Französischen Viertel** und auf dem **Loretto-Areal** leben rund 8000 Menschen und es entstanden etwa 2500 Arbeitsplätze. Kultur, Wohnen, Arbeiten, Freizeit, alternative Wohngemeinschaften und Studentenleben existieren dicht beieinander und bilden einen ganz besonderen Lebensmix. Im **Mühlenviertel** in Derendingen wurde ein ehemaliges Industrieareal umgestaltet. Auch hier beeindrucken modernste Architektur und Funktionalität.

Driving along the main road from the south you pass over an ultramodern junction. Is that Medieval Tübingen, you might ask? Some of the buildings in the southern part of Tübingen have kept the look of their military past: Residential and commercial buildings that used to be barracks, hangars for tanks, or cavalry stables. Others have been constructed in the development of the area. The former military wasteland measures about 60 hectares and was developed as a modern quarter according to the latest insights into urban planning after the withdrawal of the French troops in 1991/92. Approximately 8,000 people live in the **French Quarter** and in the **Loretto Area** and some 2,500 job were created. Workplaces, cultural institutions, residential and leisure facilities, flat-sharing communities and student life style exist in close proximity and form a very special mix. In the **mill quarter** in Derendingen a former industrial estate has been redeveloped. Again one is impressed by functionality and ultramodern architecture.

En empruntant la B 27 en venant du Sud, on traverse une intersection très moderne – c'est donc là que se trouvait le Tübingen médiéval ? On peut voir le passé militaire de certains bâtiments du sud de la ville: des bâtiments d'habitation et de commerce ont été des casernes, des hangars à chars ou des écuries. D'autres ont été construits dans le cadre du développement de la zone. Cette ancienne friche militaire recouvre environ 60 hectares: après le retrait des troupes françaises, en 1991-1992, des quartiers modernes y ont été construits en faisant appel à des connaissances très récentes en urbanisme. Dans le quartier français et sur le domaine de Loretto vivent environ 8 000 personnes, et 2 500 emplois ont été créés. Culture, habitat, travail, loisirs, communautés d'habitat alternatif et vie étudiante co-existent étroitement et forment un mélange de vies tout à fait particulier. Dans le quartier Mühlenviertel, à Derendingen, une ancienne aire industrielle a été réaménagée. Là aussi, l'architecture et la fonctionnalité très modernes sont impressionnantes.

Im ehemaligen Kasernengebäude der Franzosen, das das Loretto-Areal begrenzt, ist die Volkshochschule untergebracht und nutzt das großzügige Raumangebot.

The former French barracks are now inhabited by the adult education centre which benefits from the generous spatial arrangements.

L'ancienne caserne française, qui dispose d'une surface importante, située à la frontière du domaine de Loretto, abrite l'université populaire de Tübingen.

Im Mühlenviertel entstand ein neues, attraktives Wohnquartier.

The Mill Quarter has been developed into a new, attractive residential area.

Dans le quartier de Mühlenviertel se trouve une zone résidentielle nouvelle et attractive.

Das alte Schild erinnert an die ehemalige Nutzung des Quartiers durch die Maschinenfabrik Wurster & Dietz.

The old sign is a reminder that this place was previously used by the engineering works Wurster & Dietz.

Ce vieux panneau rappelle l'ancienne fonction de cette zone, où se trouvait l'usine de machines Wurster & Dietz.

Thiepval-Areal

In der Kaiserzeit war Tübingen Garnisonsstadt. Die Thiepval-Kaserne stammt aus dieser Ära und stellt eines der repräsentativsten Gebäude dar. Mit einer umfassenden Sanierung entstanden architektonisch reizvolle Wohnungen, in einem anderen Teil des Hauses zog das Finanzamt ein. Das Areal liegt im Süden der Stadt, in der Nähe des Hauptbahnhofs.
Im Innern der Thiepva-Kaserne beeindrucken großzügige Konstruktionen, wie das wunderschöne Treppenhaus.

Thiepval-Area

In Wilhelminian times Tübingen was a garrison town. The Thiepval-Barracks date from that period and are one of the most prestigious buildings. As part of a thorough renovation some of the barracks were converted into architecturally intriguing apartments, the other part was given over to the internal revenue services. The complex is situated in the southern part of the city near the main station. The interior of the Thiepval Barracks is impressive, with some spacious construction elements like the marvellous staircase.

Le domaine de Thiepval

Aux temps de l'empire, Tübingen était une ville de garnison. La caserne de Thiepval date de cette époque et en est l'un des bâtiments les plus représentatifs. De grands travaux de rénovation ont permis d'y installer des appartements riches sur le plan architectonique, et une autre partie du bâtiment abrite désormais le centre des impôts. Le domaine se situe au sud de la ville, près de la gare principale. À l'intérieur de la caserne de Thiepval, on trouve quelques constructions impressionnantes, comme une magnifique cage d'escalier.

Das sportliche Tübingen | Athletic Tübingen | Le Tübingen sportif

Mens sana in corpore sano, ein gesunder Geist in einem gesunden Körper, darauf wird in Tübingen schon sehr lange Wert gelegt. Seit 2007 bietet die Paul Horn-Arena, kurz TÜ-Arena genannt, über 3000 Zuschauern Platz. Die Tübinger Basketball-Mannschaft „Walter Tigers“, die in der der 1. Bundesliga spielt, ist der Stolz der Stadt.

Mens sana in corpore sano, a sound mind in a sound body – this principle has been valued in Tübingen for a long time. Since 2007 the Paul Horn-Arena, also known as TÜ-Arena, has been providing space for more than 3,000 spectators. The Tübingen basketball team „Walter Tigers“, who play in the first division, are the pride of the city.

Mens sana in corpore sano, un esprit sain dans un corps sain: à Tübingen, voilà longtemps qu'on croit en ce principe. Depuis 2007, l'aire Paul-Horn, ou «TÜ-Arena», peut accueillir plus de 3 000 spectateurs. L'équipe de basket de Tübingen, les «Walter Tigers», qui jouent dans la première ligue fédérale, font la fierté de la ville.

An dem Tübinger Stadtlauf mit seiner Distanz von 7,5 km nehmen Läuferinnen und Läufer aus aller Herren Länder teil, darunter auch einige Kenianer, die Spitzenpositionen einnehmen. Im Jahr 2010 erlebten an die 25000 Besucher 2700 Läufer hautnah.

The Tübingen city run over a distance of 7.5 km attracts runners from all over the world, including a few Kenyans who normally finish in the top positions. In 2010 about 25,000 visitors watched the race with 2700 runners at close quarters.

Des coureurs venus du monde entier participent au marathon de la ville de Tübingen, d'une distance de 7,5 kilomètres, y compris quelques Kenyans qui mènent parfois la course. En 2010, 2 700 participants ont couru sous les yeux de 25 000 spectateurs.

Der Nikolauslauf in Tübingen ist in der wettkampfarmen Zeit ein Magnet für Hartgesottene und findet sei 1976 statt. 2009 nahmen erstmals mehr als 2000 Sportler aus ganz Deutschland teil. Mit dabei, der in Tübingen lebende Olympiasieger Dieter Baumann (links).

Since 1976 the Nicolas-Run has taken place in Tübingen during the off season. It is a magnet for hardy runners from all over Germany. In 2009 the number of participants exceeded 2,000 for the first time. Among them (on the left) was Olympia medallist Dieter Baumann, who lives in Tübingen.

Durant la période où les compétitions sont rares, le marathon de Nikolaus à Tübingen, organisé depuis 1976, attire les durs à cuire. La première édition, en 2009, a accueilli plus de 2 000 sportifs venus de toute l'Allemagne. Le champion olympique Dieter Baumann (à gauche), qui vit à Tübingen, était de la partie.

Der Golfplatz Kressbach

Das Grün des jungen GolfKlubs Schloss Kressbach ist noch ganz frisch. Bisher werden 9 Loch angeboten, eine zeitnahe Erweiterung auf 18 Loch ist vorgesehen, außerdem ist der Bau einer Indoor-Anlage geplant.

The Golf Course Kressbach

The Green of the new golf club Schloss Kressbach is still fresh. So far it has 9 holes to offer players, an extension to 18 holes will be built in the near future, and in addition there are plans for an indoor facility.

Le golf de Kressbach

Le vert du récent club de golf du château de Kressbach est encore tout frais. Pour le moment, un parcours de 9 trous est proposé, qui doit bientôt être étendu à 18 trous. La construction d'un parcours en intérieur est également prévue.

Zwei Klöster | Two Monasteries | Deux cloîtres

Karmeliterinnenkloster

Beim Durchfahren des Schlossberges sieht man es hoch über dem Tunnel liegen: das massige Fachwerkhaus des Klosters der „Unbeschuhten Karmeliterinnen". 1978 eingerichtet, wurde es 1998 der heiliggesprochenen Märtyrerin Edith Stein (1891–1942) geweiht. Die Nonnen, die zurückgezogen leben, nehmen den Verkehrslärm der B 28 als „tägliche Prüfung".

Monastery of Carmelite Nuns

Driving through the Schlossberg you can see it high above the tunnel: The massive half-timber structure of the monastery of the Discalced (Barefoot) Carmelites. Established in 1978 it was dedicated to the martyr Edith Stein (1891–1942), who was beatified in 1998. The nuns who lead a very retired life accept the traffic noise as a "daily ordeal".

Le cloître des carmélites

En traversant le Schlossberg, on le voit bien au-dessus du tunnel: la massive maison à colombages du cloître des «Carmélites déchaussées». Construite en 1978, elle a été consacrée à la martyre canonisée Edith Stein (1891-1942). Les nonnes qui y vivent recluses considèrent le bruit de la circulation de la route B 28 comme une «épreuve quotidienne».

Kloster und Schloss Bebenhausen

Bebenhausen ist der kleinste Stadtteil Tübingens, liegt 3 km von der Innenstadt entfernt und wurde 1974 eingemeindet. Der Ortsteil steht unter Denkmalschutz und die ehemalige Zisterzienserabtei Bebenhausen aus dem 12. Jahrhundert gehört zu den bedeutendsten Klosteranlagen Süddeutschlands. Die dreifache Ringmauer und der bemerkenswerte Dachreiter der Klosterkirche, der Kreuzgang und das frühere Abtshaus bilden die markanten Blickpunkte (vgl. Fotos rechts). 1986 wurden die repräsentativen Räume der Anlage nach umfangreichen Sanierungsarbeiten als Museum eröffnet.

Monastery and Castle Bebenhausen

Bebenhausen, the smallest district of Tübingen, is situated 3 km from the inner city and was integrated into Tübingen in 1974. The entire settlement is listed as a monument. The former Cistercian monastery Bebenhausen dates from the 12th century and is reckoned to be one of the most important monastic complexes in South Germany. The triple ring wall, the striking ridge turret of the church, and the former abbot's house are the most notable sights (see photos right). In 1986 the representational rooms of the complex were opened as a museum after extensive renovation.

Le cloître et le château de Bebenhausen

Bebenhausen est la plus petite commune de Tübingen. Elle se trouve à 3 kilomètres du centre-ville et y a été rattachée administrativement en 1974. Le quartier est classé monument historique et l'ancienne abbaye cistercienne de Bebenhausen, qui date du XIIe siècle, fait partie des cloîtres les plus importants du sud de l'Allemagne. Le triple mur d'enceinte et le remarquable lanterneau de l'église du cloître, le cloître proprement dit et l'ancienne maison d'abbé en sont les éléments principaux (Voir les photos à droite). Depuis 1986, les pièces représentatives du bâtiment, après d'importants travaux de rénovation, abritent un musée.

Charmante Stadtteile | Attractive Districts | Beauté des communes

Weilheim

Der Stadtteil Weilheim schmiegt sich südlich von Tübingen ins Neckartal. Eine etwa Hundert Meter lange durchgängige Scheunenfront prägt den Anblick von Westen her. Viele dieser Gebäude wurden sensibel saniert und architektonisch reizvoll umgebaut.

Weilheim

The district of Weilheim nestles in the Neckar valley to the south of Tubingen. Its western prospect is dominated by an uninterrupted row of barn façades about a hundred metres long. Many of these buildings have been carefully renovated and rebuilt into attractive houses.

Weilheim

La commune de Weilheim se trouve au sud de Tübingen ; dans la vallée du Neckar. Une rangée de granges s'étendant sur une centaine de mètres façonne la vue qu'on en a depuis l'Ouest. Nombre de ces édifices ont été délicatement rénovés et transformés sur le plan architectonique, ce qui leur confère un charme certain.

Bühl

Im Bühler Schloss, erbaut 1522, betrieben Jesuiten eine Brauerei, die bis 1924 in Betrieb war. Dann diente es als Tanzstätte, Sägewerk und Kaminbauwerk, ehe es 1980 saniert wurde und Eigentumswohnungen eingerichtet wurden. Das alte Fachwerk der Schmalseiten und das hohe Satteldach verleihen dem Renaissanceschloss einen burgartigen Charakter.

Bühl

In Bühl Castle, built in 1522, the Jesuits used to run a brewery which was operating until 1924. Afterwards it served as a dance hall, a saw mill and a fireplace manufacture. Finally, in 1980 it was renovated and converted into apartments. The old timber structure on the narrow sides of the building and the high pitched roof lend a castle type appearance to this Renaissance mansion.

Bühl

Dans le château de Bühl, construit en 1522, des jésuites tenaient une brasserie, en service jusqu'en 1924. Il a ensuite fait office de salle de danse, de scierie et d'usine de construction de cheminées. Il a été restauré en 1980 et des logements en copropriété y ont été aménagés. Le vieux colombage sur les côtés plus étroits et le haut toit en pente donnent à ce château datant de la Renaissance des airs de château fort.

Kilchberg

1968 wurde im Stadtteil Kilchberg ein Grabhügel der frühkeltischen Hallstattzeit des 6./7. Jahrhunderts v. Chr. archäologisch untersucht und blieb erhalten. Neuere Forschungen haben erbracht, dass die Steinbildnisse auf dem Hügel älter sind als ursprünglich angenommen. Sie stammen aus dem 3. vorchristlichen Jahrtausend und zeigen in vereinfachter Form menschliche Antlitze.

Kilchberg

In Kilchberg in 1968 a burial from the early Celtic Hallstatt period (6th/7th century BC) was excavated by archaeologists and is now under preservation. More recent research indicates that the stone images on the hill seem to be older than originally assumed. They date back to the 3rd millennium BC and show simplified human faces.

Kilchberg

En 1968, dans la commune de Kilchberg, des fouilles archéologiques ont été effectuées dans un tombeau datant du premier âge de fer (époque celtique précoce), au VI-VIIe siècle avant J.-C., tombeau qui a ensuite été laissé tel quel. De nouvelles recherches ont révélé que les statues situées sur la colline étaient plus vieilles que ce qui avait été estimé à l'origine. Elles datent du IIIe siècle avant J.-C. et représentent des visages humains dans une forme simplifiée.

Kilchberg im Neckartal, seit 1971 ein Stadtteil von Tübingen, stand im Mittelalter unter Freiherrn-Herrschaft. Zur Reformationszeit wurde es evangelisch. Die ehemals achteckige Ringmauerburg aus dem 12. Jahrhundert sowie der von den Herren auf Kilchberg erbaute Burgfried sind deutlich erkennbar.

Kilchberg in the Neckar valley has been a district of Tübingen since 1971. In the Middle Ages it was ruled by a baronet. At the time of the Reformation it became Protestant. The 12th century fortress originally had an octagonal wall. That and the tower built by the baronets are still clearly visible.

Kilchberg im Neckartal, commune de Tübingen depuis 1971, se trouvait au Moyen-Âge sous la domination d'un baron. À l'époque de la Réforme, elle est devenue évangélique. Le mur d'enceinte autrefois octogonal, qui date du XIIe siècle, ainsi que le donjon construit par les seigneurs de Klichberg, sont très reconnaissables.

Unterjesingen

Die spätgotische Pfarrkirche St. Barbara, erbaut 1475–1484, überragt Unterjesingen weithin sichtbar. Hoch oben thront Schloss Rheinecke. Mit dem Rücken zum Schönbuch gewandt, liegt der Stadtteil idyllisch im Ammertal und ist von üppigen Weinbergen umgeben. Die „Wengerter" (Winzer), stellen zur Weinlese Besen vor die Tür und zeigen damit ihre temporäre Ausschanklizenz an. Dann werden die Fässer geleert, um dem neuen Wein Platz zu machen.

Unterjesingen

The late Gothic parish church of St. Barbara, built in 1475–1484, projects above the houses of Unterjesingen and is visible from a long way away. On top of the hill lies Rheinecke Castle. The district lies in the idyllic Ammer valley with its back towards Schönbuch nature preserve. It is surrounded by lush vineyards. The „Wengerter" (wine growers) put brooms outside their doors at harvest time and thus indicate that they have a temporary licence to sell wine. At that time the casks are emptied to make room for the new wine.

Unterjesingen

L'église paroissiale de style gothique tardif Sainte Barbara, construite de 1475 à 1484, qui surplombe Unterjesingen, est visible de loin. Plus haut encore trône le château Rheinecke. Lorsqu'on tourne le dos à Schönbuch, la vue sur la commune située dans la vallée de l'Ammer, entourée de vignes luxuriantes, est idyllique. Pendant les vendanges, les vignerons placent un balai devant leur porte, signalant ainsi leur licence temporaire de débit d'alcool. Puis, les fûts sont vidés pour faire de la place au nouveau vin.

Der Rammert

Der Rammert gilt als kleiner Bruder des Schönbuchs. Auch hier im Süden der Stadt erstreckt sich ein Waldgebiet, das bis nach Rottenburg und Mössingen reicht und weitgehend unter Landschaftsschutz steht. Wanderer, Radler und Läufer genießen den Mischwald aus Eichen und Buchen.

Rammert Forest

Rammert Forest is looked at as a smaller version of Schönbuch nature preserve. Here, to the south of the city stretches a forest area which extends as far as Rottenburg and Mössingen and is largely protected. Hikers, cyclists and joggers enjoy the mixed forest of oak and beech trees.

Rammert

Rammert est considéré comme le petit frère de Schönbuch. Ici aussi, au sud de la ville, s'étend un domaine boisé, qui va jusqu'à Rottenburg et Mössingen et est un domaine protégé dans son intégralité. Randonneurs, cyclistes et coureurs apprécient cette forêt mixte constituée de chênes et de hêtres.

Weitere Bücher aus Ihrer Region

Helmut Bader
Damals ... auf der Schwäbischen Alb – Fotografien aus alter Zeit
84 Seiten,mit zahlreichen Fotos
deutsch, english, français
ISBN 978-3-8313-2295-4

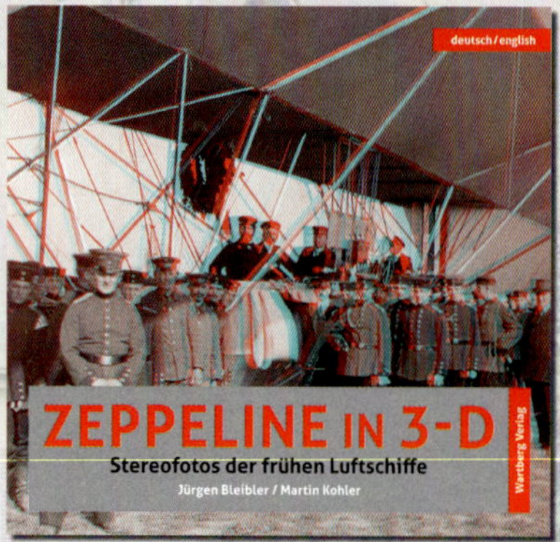

Jürgen Bleibler und Martin Kohler
Zeppeline in 3-D – Stereofotos der frühen Luftschiffe
128 Seiten,zahlreiche 3-D-Bilder,
mit 3-D-Brille, deutsch/englisch
ISBN 978-3-8313-2232-9

Helmut Bader
Aufgewachsen auf der Schwäbischen Alb
64 Seiten
mit zahlreichen Fotos
ISBN 978-3-8313-2007-3

Eleonore Wittke
Dann um zwölf am Zwingel! Geschichten und Anekdoten aus Tübingen
80 Seiten
mit zahlreichen Fotos
ISBN 978-3-8313-1906-0

Rudolf Knoll
Schwäbische Weingeschichten – Geschichten und Anekdoten
80 Seiten
mit zahlreichen Fotos
ISBN 978-3-8313-2123-0

Wartberg Verlag GmbH & Co. KG
Im Wiesental 1 | 34281 Gudensberg
www.wartberg-verlag.de
Bücher für Deutschlands Städte und Regionen
Tel. 0 56 03-93 05 0 | Fax 0 56 03-93 05 28
www.kindheitundjugend.de